Für meine Kinder und meine Eltern

Alleinekind

Corinna Pourian

kunstanstifter

Es gibt große Menschen auf dieser Welt. Und es gibt kleine.

Die Kleinen sind Kinder,
die Großen Erwachsene.

ICH WEIß ALLES ÜBER STEINE. UND REGEN. UND DU?

Die Kleinen sind noch nicht so lange hier. Deshalb wissen sie weniger, sagen die Erwachsenen.

Weil sie mehr wissen, entscheiden die Großen alles oder das meiste.

Sie entscheiden, ob sie Handschuhe
anziehen, ob ihre Haare lang oder
kurz sind, wann sie tanzen und wie
sie sonst so leben möchten.
Mit wem. Wo. Ob mit oder ohne Hund.
Hochbett oder Matratze auf dem Boden.
Mit wie vielen sie sein wollen.

Sie entscheiden auch, ob sie Kinder haben.
Allein oder mit anderen Menschen.

Manchmal wollen Erwachsene nur ein Kind.
Oder es kommt nur eins vorbei und dann keins mehr,
obwohl mehr eingeladen sind.

Das ist dann ein Einzelkind.
Ein einzelnes Kind.
Einzeln, nicht einsam. Oder?

Schließlich ist da immer jemand.
Mutter oder Vater oder beide
oder zwei Mütter oder Väter.

Großeltern, Cousins, Tanten oder Onkel,
Kuscheltiere, Mitbewohner*innen.
Jede Menge anderer Wesen.

Dann wird es zum Alleinekind.

Dem Alleinekind ist langweilig,
besonders im Urlaub.
Allein zu spielen ist,
als würde jemand fehlen.

Oder das Alleinekind mag es, allein zu sein
und nichts teilen zu müssen.
Keine Zeit, keinen Apfel, kein Spielzeug
und keine Aufmerksamkeit.

Wieder zuhause kann das Alleinekind
traurig sein und sich vorstellen,
die Zimmerdecke ist der Boden
und es läuft dort Rollschuh
mit einer Schwester oder einem Bruder.

Es ist wütend,
weil ein anderes Kind
noch einen Bruder bekommt.
Das Alleinekind
bekommt nur einen Dackel.
Das ist ungerecht.

Oder es findet den Dackel super.

Wenn das Alleinekind mit dem Dackel spazieren geht,
trifft es ein anderes Kind, das gerade alleine ist.

Das andere Kind ist zwar keine Schwester,
aber eine beste Freundin.

Die beiden sind viel zu zweit,
auf Rollschuhen und sogar im Urlaub.

Aber das andere Kind ist nicht das einzige Kind in seinem Haus.

Es hat Geschwister.

Die Geschwister
streiten oft und laut.
Das fehlt dem
Alleinekind nicht.

Ab und zu streitet es sich mit Mama
und dann vertragen sie sich wieder.
Das geht auch.

Das einzige Kind zu sein, mag sich schwer anfühlen. Aber zum Glück haben die Großen sich damals für das Alleinekind entschieden. Sonst wäre es ja auch nicht da.

Wenn das Alleinekind groß ist,
kann es eigene große Entscheidungen treffen.
Dann bekommt es vielleicht selbst zwei oder vier Kinder.
Oder keins oder drei.

Corinna Pourian

zeichnet, seit sie denken kann, Bilder zu Texten, die sie mag. Sie liebt Bilderbücher und noch lieber macht sie selbst welche. Als sie klein war, war sie ein Einzelkind. Jetzt lebt sie mit ihrer großen Familie in der Nähe von Bremen.

Uns liegt ein nachhaltiger Umgang mit dem Medium Buch am Herzen: Wir drucken möglichst klimaneutral und mit mineralölfreien Farben auf Naturpapier. Unsere Bücher werden in Deutschland gedruckt und gebunden. Wir unterstützen Naturschutzprojekte und verzichten seit einigen Jahren auf das Folieren der Bücher.

Copyright © by kunstanstifter verlag, Mannheim 2024
kunstanstifter GmbH & Co. KG, Mannheim
Alle Rechte vorbehalten. Das Werk darf – auch teilweise – nur mit Genehmigung des Verlages wiedergegeben werden.

Illustrationen, Buchgestaltung und Text: Corinna Pourian
Reinzeichnung: Susan Bauer

Papier: Munken Lynx rough 150g/m2 1,3faches Volumen
Schrift: Courier New
Druck & Bindung: optimal media GmbH

Printed in Germany
Erste Auflage 2024
978-3-948743-39-0
Unsere Adresse im Internet: kunstanstifter.de